LES CONDITIONS

DE LA PAIX

PAR

LE PAYSAN DU DANUBE

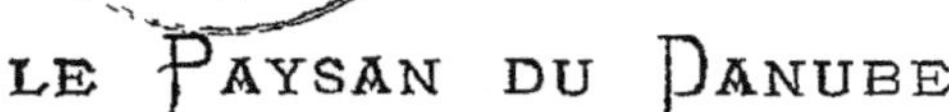

Prix : 50 centimes

SE VEND PARTOUT

LES CONDITIONS

DE LA PAIX

Permettez, Français mes frères, qu'un paysan simple mais de bon sens, vienne au milieu des circonstances malheureuses que traverse votre pays, vous faire part des réflexions que votre situation lui inspire et des conseils qu'il croit devoir vous donner.

Comme autrefois le Sénat romain écouta l'un de mes ancêtres, prêtez de grâce une oreille attentive à la voix de son descendant; laissez-lui vous dire simplement ce qu'à son avis il croit être dans votre intérêt; ne vous étonnez pas si sa langue est parfois grossière; ne vous révoltez pas dans votre orgueil national, si parfois chez lui la forme est dure comme la vérité.

Aux bords où coule le Danube, j'ai ma cabane, mon champ, ma famille; ma cabane est propre et solide, mon champ bien cultivé, ma famille élevée dans la crainte de Dieu et dans l'amour du prochain. Je ne suis ni juge ni marguillier de ma paroisse; sans trop savoir ce qu'il dit, notre curé m'appelle « libre-penseur », et n'était la crainte salutaire que sa robe noire inspire, le maître d'école me consulterait autrement qu'à la dérobée; on me connaît dans le village sous le nom « du philosophe ».

C'est que l'instruction n'est pas développée chez nous, et que pour tous ces braves gens je suis un philosophe parce que j'en sais un peu plus qu'eux, et qu'au lieu d'aller au cabaret rire et boire, je passe mes loisirs à lire et à m'instruire.

La lecture est en effet mon passe-temps favori. Le soir, après le souper, quand les enfants commencent à s'endormir, pendant que ma femme vaque doucement à quelques travaux du ménage, je prends sur mes genoux mon fils aîné et, ensemble, nous lisons les auteurs dont j'ai, ma foi, deux grands rayons tout pleins. Vos écrivains sont ceux que je préfère; c'est dans leurs ouvrages que j'ai réellement appris en quoi consiste l'indépendance de l'homme et que je suis parvenu à distinguer nettement là où commence l'injuste et où finit le juste. Eux seuls me semblent avoir la clarté nécessaire pour être compris de tout le monde, puisque je les comprends, moi qui ne sais pas grand'chose en dehors de mon village. Je me suis dit qu'une nation qui avait produit en tout temps des esprits si grands et si généreux, devait être, elle aussi, grande et généreuse ; et c'est en jugeant de l'arbre par les fruits qu'il portait que je me pris à vous aimer, ô Français !

Aussi, quand la guerre éclata entre vous et la Prusse, mes vœux ne cessèrent-ils de suivre vos armées dans les péripéties de cette lutte gigantesque. A la nouvelle de vos défaites, mon cœur se gonfla d'amertume ; aux bruits de vos désastres, mes yeux s'emplirent de larmes, et mes compagnons, auxquels je faisais le dimanche la lecture expliquée de la gazette, partagèrent bientôt mes craintes et mes douleurs. C'est que partout où il y a des faibles, partout où il y a des opprimés qui aspirent au moment de secouer le joug, vous êtes espérés, presque attendus.

L'annonce de la proclamation de la République fut saluée par nous comme l'aurore de votre délivrance ; vous le dirai-je, comme l'aurore de la nôtre. Notre curé se montra plus humble, plus obséquieux, et certaines gens qu'il ne voyait jamais furent étonnés de recevoir sa visite ; il y eut dans toute notre contrée comme un sentiment mal défini d'espérance vague, comme une agitation dans les esprits qui ne se traduisit, d'ailleurs, par aucun désordre ; seulement, le temps de nos élections étant arrivé, l'ancien juge dut se retirer et je fus élu à sa place.

Et cependant, malgré les promesses si belles qui semblaient

réservées à l'avenir par le 4 septembre; malgré qu'on ait pu s'attendre à un changement de fortune en votre faveur, Paris est tombé, dernier boulevard de la patrie; Paris, la ville à la ceinture de fer, au courage inébranlable; Paris, qu'on disait si corrompu, désormais sanctifié par le dévouement et le sacrifice. Le tiers de votre territoire est envahi; vos armées de province sont battues ou détruites; partout la misère, la ruine. Y avait-il donc des traîtres parmi vous ou Dieu vous a-t-il abandonnés?

Et moi, au spectacle de tant de désastres, devant une infortune aussi considérable, j'ai senti quelque chose qui se brisait dans mon âme; j'ai compris qu'à votre sort était lié notre avenir à nous, paysans européens, j'ai quitté tout : maison, femme, enfants, amis et, accompagné de quelques gars robustes, je suis venu mettre mon sang et le leur au service de la République.

J'arrive à Paris, j'y vois de singulières choses, j'y apprends de singulières nouvelles. Vos forts que je croyais sautés sont debout, et portent l'étendard prussien ; vos remparts que je pensais détruits, sont intacts et sans artillerie ; vos canons, vos fusils qu'on m'avait dits brisés, on les livre à l'ennemi ; votre armée sans doute est libre dans vos murs, mais libre comme vous sous le feu croisé des canons Krupp. Vous êtes-vous donc rendus sans combattre, sans tenter quelque héroïque folie, quelque sortie désespérée, comme il convient à des hommes qui savent mourir? Vos femmes n'ont-elles donc tant souffert; vos enfants nouveau-nés ne sont-ils donc morts; vous-mêmes n'avez-vous donc subi tant de fatigues et de privations que pour en arriver là? La famine, entends-je dire, est la seule coupable; non, la faim n'est pas coupable, la faute est ailleurs, la faute en est à vous; pourquoi avoir gardé à votre tête des gens timorés ; pourquoi vous être laissé guider au combat par des chefs, sous la poitrine constellée desquels rien ne battait plus?

Et puis Gambetta, forcé à la démission, Gambetta, homme héroïque au milieu de tant de lâchetés, Gambetta honni, vilipendé dans les journaux, la médiocrité au pinacle, l'énergie, le dévouement au pilori de l'opinion publique ; un armistice bâclé en vingt-quatre heures, sans connaître la position des belligérants, qui livre Belfort, refoule Faidherbe, Chanzy sans coup férir, et force Bourbaki à passer en Suisse avec toute son armée ; des députés élus en grande partie sous l'influence des baïonnettes prussiennes, une Assemblée qu'on nomme pour qu'elle accepte coûte que coûte les conditions qu'on lui proposera ; des gens qu'on envoie à Bordeaux, pour donner une apparence de sanction légale à une entente déjà préparée ; enfin, les partis monarchiques qui s'agitent, sans penser aux malheurs de la patrie. Je croyais, quand je suis venu en France, me trouver parmi des républicains occupés à sauver le pays ; me serais-je trompé, et suis-je donc en Italie, au milieu des luttes intestines de Rome en décadence et déjà menacée par nos ancêtres les barbares ?

Allons, c'en est fait, buvez la honte jusqu'au bout, ou plutôt buvons-la ensemble ; car si mon sang appartenait à la France, tout étranger que je suis, si j'avais fait avec bonheur le sacrifice de ma vie à la sainte cause de la liberté, pourquoi, puisqu'il n'y a plus de place au combat, et qu'il m'est dorénavant défendu de marcher à côté de vous, ne partagerais-je pas vos douleurs ; pourquoi ne me serait-il pas permis de pleurer avec vous, et avec vous de chercher à sauver l'honneur de la France, si nous ne pouvons pas sauver autre chose ? En agissant autrement, moi soldat du droit, j'aurais l'air de courber la tête devant la force ; moi républicain, je passerais pour un converti du roi Guillaume. Que dirait-on de moi au village, si l'on y apprenait que j'ai renié ma foi ?

Déjà votre Assemblée est réunie. En vain Paris y a-t-il envoyé tout ce qu'il avait de plus énergique et de plus illustre ; en vain la capitale proteste-t-elle ainsi contre la capitulation qu'elle a subie, contre la paix à tout prix ; avant M. de Bismark et les d'Orléans, la province s'est chargée de lui répondre. A peu d'exceptions près pour moi, dont aucun intérêt matériel ne saurait troubler la sûreté du coup d'œil et la clairvoyance de la raison ; la grande majorité des votes de la province signifie paix à tout prix ; or la paix à tout prix, c'est le déshonneur après la défaite ; la paix à tout prix, c'est la reconnaissance par la France du droit de la force, c'est la négation, prononcée par elle, de la puissance du droit.

Ah ! prenez garde, Français, à ce que vous allez faire. Jusqu'à présent, vous apparaissez dans l'histoire comme le peupleflambeau, comme le peuple-ferment ; jusqu'à présent, pour qu'une idée ait cours en Europe, il a fallu que vous lui imprimiez la marque de votre génie, pour qu'une révolution eût lieu, il lui suffisait de naître sous votre souffle ; jusqu'à présent, malgré vos fautes, malgré vos chutes profondes et inexplicables, malgré votre engouement ridicule pour des héros plus ridicules encore, vous êtes restés le premier des peuples, parce que vous en étiez le plus généreux et le plus désintéressé. N'anéantissez pas en un jour un passé si glorieux ; ne compromettez pas en quelques instants un avenir qui peut l'être plus encore, si vous savez placer au-dessus de vos intérêts immédiats, au-dessus d'un bien-être obtenu à coups de platitude et de bassesse, les revendications éternelles du droit et de la liberté, dont vous vous êtes faits, pour ainsi dire, les gardiens.

Prenez garde, car voici ce qui va se passer dans votre Assemblée de Bordeaux. Nommée sous une influence réactionnaire, cléricale et monarchique, cette Assemblée va forcément charger une commission de faire la paix avec M. de Bismark, et mettre à la tête de cette commission deux hommes, dont les noms sont partout prononcés : M. Jules Favre et M. Thiers. Jules Favre, parce que M. de Bismark a besoin de sa faiblesse ; Thiers, parce qu'il est, à ce que l'on prétend, un très-grand diplomate, un homme d'État illustre. Or, à mon sens, ces deux élus du suffrage universel sont les derniers qu'il vous faudrait envoyer à Versailles. Pour moi qui, depuis mon arrivée à Paris, ai pu étudier de près les hommes et les choses ; pour moi qui ne me contente pas de paroles mais qui veux des actes, Jules Favre peut être un avocat élégant, un tribun éloquent ; mais ce n'est pas un homme de caractère, encore moins d'énergie. Le ministre des affaires étrangères a pu s'en aller à Ferrières verser des larmes abondantes, pour tâcher d'attendrir ses adversaires, et exciter ainsi l'admiration générale ; je ne l'ai jamais admiré, parce que cette démarche était un non-sens politique, faite dans ces conditions. Jules Favre avait-il donc si peu d'intelligence, et surtout une si faible dose de jugement, qu'il n'ait pas compris alors, que si Guillaume ne s'arrêtait pas, c'est qu'il voulait tuer dans l'œuf la République qu'il redoutait ?

Jules Favre est ce que nous appelons au village un beau parleur; un beau parleur comme notre maître d'école qui, un jour qu'un enfant était tombé à la rivière, s'avisa de lui faire un long discours avant de penser à l'en retirer; un beau parleur comme notre curé, qui fait tout le contraire de ce qu'il dit, et qui recommande à ses paroissiens, en très-beau style d'ailleurs, toutes sortes de vertus dont il se garde bien de donner l'exemple. Il est de ces gens qui crient bien haut : Je ne céderai rien, je ne ferai pas ceci, je ne ferai pas cela ; mourir, mais vaincre, et qui s'empressent de tout céder, de ne pas mourir et de ne pas vaincre : Que voulez-vous qu'un tel homme fasse vis-à-vis d'un von Bismark ? Celui-ci le laissera bavarder, se répandre en plaintes, en lamentations, s'élever dans les nuages tout à son aise, mais finira toujours par le rappeler brutalement et inflexiblement à la réalité si cruelle, au fait si douloureux qu'il soit.

Quant à M. Thiers, cet illustre homme d'État, comme l'on dit, sans doute parce qu'il s'entend parfaitement à verser dans l'ornière les voitures qu'il conduit ; ce grand diplomate, on le prétend du moins, quoique j'en sois encore à trouver après bien des recherches, les succès éclatants qu'il a pu obtenir dans cette carrière tortueuse, c'est un finassier, un malin, un expérimentateur. Il est de ces individus qui font toujours tout mieux que les autres, et qui pour vouloir être trop habiles finissent par tuer leurs terres si fertiles soient-elles, et par perdre leurs procès si bons qu'ils soient. Allez donc faire le madré avec le ministre prussien, il vous jouera par-dessous la jambe, étant, quoi qu'il en soit, plus madré que vous et de plus Allemand, et victorieux.

Aussi, écoutez, Français, comment vos délégués vont défendre devant le chancelier de l'empire, les intérêts de votre pauvre pays. Je vais vous faire assister à la première séance des pourparlers, qui sont prêts à s'engager.

Nous sommes à Versailles, dans le cabinet de M. de Bismark. Autour d'une table sont assises trois personnes, ces trois personnes sont : le diplomate allemand, M. Jules Favre et M. Thiers. Bismark est en belle humeur, comme il lui arrive toujours quand tout va bien et qu'il se sent près du but ; sa courtoisie est bruyante, sa gaieté s'épanche en saillies plus ou moins heureuses. M. Jules Favre au contraire est atterré, sa voix pleurniche déjà, son bras va s'étendre pour protester au nom de l'humanité, et il prépare quelques-unes de ces périodes onctueuses dont il a le secret, et qui semblent couler de ses lèvres comme l'eau d'une source abondante. M. Thiers seul conserve son sang-froid, il s'agite sur son fauteuil, et tout en jouant avec ses lunettes, ne perd pas de l'œil la physionomie du terrible colonel des cuirassiers blancs.

« Voilà, messieurs, la note à payer, dit von Bismark nonchalamment ; vous n'ignorez pas que l'Allemagne a été injustement attaquée quand sa seule préoccupation était les travaux calmes de la paix. Son commerce a été arrêté, son industrie presque ruinée ; victime d'une agression inique, le peuple allemand a dû mettre sur pied pour se défendre de nombreux combattants dont beaucoup, hélas ! ne reverront pas leur pays ; ils laissent des femmes, des enfants, qu'il nous faut préserver de la misère. Ce sont là des charges lourdes, très-lourdes, messieurs, et, vous le savez, l'Allemagne est pauvre. Pendant vingt ans n'a-t-elle pas d'ailleurs servi de passage aux armées françaises, armées toujours pillant, toujours rançonnant ; vous n'en ignorez rien, vous, monsieur Thiers, qui, en votre qualité d'historien de Napoléon, avez eu tous les documents entre les mains, et connaissez, à un franc près, ce que votre empereur nous a coûté. La France est riche au contraire ; son sol est le plus fertile et un des mieux cultivés de l'Europe ; ses habitants ont de grandes qualités d'ordre, d'économie et de sobriété ; depuis vingt ans, le premier marché financier du monde, ne disait-elle pas avec un juste orgueil que sa richesse lui permettait de payer sa gloire ; il faut qu'aujourd'hui elle soit en état et reconnaisse la nécessité de payer ses fautes.

« Je crois qu'en demandant seulement à la France dix milliards comme indemnité de guerre, nous nous montrons trèsmodérés ? »

Un soupir profond sort de la poitrine de M. Jules Favre ; M. Thiers, de son côté, ne peut réprimer une grimace significative. Bismark continue sans faire attention ni au soupir de l'un ni à la grimace de l'autre.

« Quel doit être aujourd'hui le rôle de l'empire d'Allemagne, placé, comme il l'est, au centre de l'Europe ? Ce rôle ne peut être que pondérateur et modéré entre l'élément slave et l'élément latin ; la race germanique doit former le corps de l'Europe dont la France est la tête intelligente, l'Angleterre les

*

bras actifs, la Russie les robustes assises. L'Allemagne a suf-
fisamment montré qu'elle savait faire la guerre, pour qu'il
lui soit loisible de poursuivre désormais une politique pacifi-
que, sans qu'on puisse l'accuser de sacrifier son honneur au
désir de conserver la paix ; n'a-t-elle pas d'ailleurs à cicatriser
les plaies qu'elle a subies dans cette guerre atroce, et dont la
durée a dépassé, nous l'avouons, toutes nos prévisions. Mais,
pour que l'Allemagne s'adonne ainsi librement aux travaux de
la paix, développe son industrie, son commerce, il faut qu'elle
soit assurée qu'une attaque pareille à celle qu'elle a déjà
subie de la part de la France ne se renouvellera pas ;
il lui faut l'Alsace et la Lorraine. Pour nous, c'est moins une
question d'ambition qu'une condition de sécurité publique.
Vous êtes remuants, messieurs les Français ; remuez chez vous
tant que vous voudrez ; mais nous voulons vous mettre dans
l'impossibilité absolue de venir remuer de longtemps chez les
autres. Voilà pour la cession territoriale.

« A cela j'ajouterai l'abandon de vingt navires cuirassés. Je
serais, pour ma part, très-coulant sur cet article, si la chose
ne dépendait que de moi ; mais mon maître y tient absolument,
et n'étant pas républicain comme vous, messieurs, j'ai l'habitude d'obéir.

« Voilà mes conditions ; elles sont à peu de chose près celles
que j'avais fait entrevoir à M. Jules Favre lors de la conclusion
de l'armistice. »

« C'est vrai, répond M. Jules Favre, et je les ai trouvées tout
d'abord tellement exorbitantes, qu'il m'a semblé impossible
qu'après mûre réflexion Votre Excellence ne revînt pas sur une
application si rigoureuse du droit du plus fort. Je me disais
qu'une intelligence aussi élevée que celle du comte de Bismark ne voudrait pas anéantir un peuple qu'un gouvernement
indigne a seul entraîné dans une entreprise aussi aventureuse
et aussi coupable que celle d'attaquer l'Allemagne sans motif
plausible. Je me plaisais à croire qu'il ne rendrait pas la France
responsable de la faute commise par un seul homme, et que
la générosité naturelle au roi Guillaume et à ses ministres les
porterait à se montrer par leur modération dignes de la victoire qu'ils ont su par leur génie attacher à leurs pas. Que de
sang entre nos deux peuples, Excellence ! que de veuves, que

d'orphelins, que d'existences fauchées, que de ruines amonce-
lées sur les deux bords du Rhin, que de haines déchaînées qui
ne s'assoupiront que dans la nuit des temps ! Eh bien ! je vous
le demande, l'empereur Guillaume veut-il, en imposant à notre
malheureux pays des conditions de paix aussi dures, forcer chaque Français à maudire son nom qu'il pourrait rendre si glorieux,
chaque mère à élever son fils dans la haine de tout ce qui est
allemand ? Veut-il donc faire naître dans le cœur de chacun le
désir d'une revanche éclatante dans un temps plus ou moins
éloigné ? Veut-il rompre pour des années les relations de commerce entre deux peuples faits pour s'estimer et échanger,
comme ils en avaient jusque-là l'habitude, leurs idées et leurs
produits ? Non, ce n'est pas possible, et d'ailleurs je doute que
le parti modéré qui fait la majorité de l'Assemblée de Bordeaux, si modéré qu'il soit, accepte de pareilles conditions.
C'est alors la guerre qui continue, la guerre avec ses massacres, ses ruines, la guerre avec le parti radical prenant en
mains les destinées du pays, sans qu'on puisse prévoir la fin
d'une pareille aventure. Ah ! je le sens, devant de pareilles
perspectives, mon cœur d'homme se serre, ma conscience de
chrétien s'insurge, mes yeux se voilent. Pauvre humanité ! avoir
pendant vingt ans combattu pour ce que j'ai cru être son bonheur ; avoir dépensé ce que j'avais de forces dans les luttes ora-
toires, et sur la fin de mes jours, en butte aux injustices des uns,
aux insultes des autres, me voir obligé de quitter le gouvernail
sans avoir pu jeter l'ancre dans le port sûr et tranquille d'une
paix digne et féconde. »

Et M. Jules Favre se rassied sous le poids de l'émotion qui
l'envahit.

Mais déjà M. Thiers est venu au secours de son co-plénipo-
tentiaire :

« Excellence, dit-il, les conditions que vous nous faites sont
impossibles à accepter par la France, et jamais je n'oserai en
rapporter la teneur à l'Assemblée de Bordeaux. Il ne me serait
pas difficile de jeter à bas votre argumentation pièce par pièce,
et de vous prouver qu'en remontant ainsi au temps de Napoléon, vous introduisez dans la politique générale de l'Europe
un principe nouveau, et dont les conséquences pourraient un
jour se dresser contre l'Allemagne, comme vous voulez les

faire aujourd'hui tourner contre nous. Les peuples, en effet, ont toujours été en lutte et le seront toujours ; or, s'il faut à chaque guerre nouvelle reprendre les comptes arriérés et les vieux états de solde, nous finirons par remonter d'âge en âge jusqu'au déluge, où peut-être nous ne nous arrêterons pas. Ces considérations ne sont donc pas admissibles, et j'ai trop de confiance en votre habileté consommée pour ne pas croire que vous hésiteriez à les faire valoir dans un congrès européen.

« Vous dites ensuite, la France est riche, dites plutôt la France était riche ; j'ajoute qu'aujourd'hui la France est ruinée et, si vous voulez calculer avec moi ce que coûtent la guerre et l'envahissement du tiers de notre territoire, vous arriverez à une perte sèche d'au moins dix milliards. Comment voulez-vous que nous vous en payions encore dix autres et d'ailleurs, quand même nous le voudrions, où pourrions-nous les trouver : au moyen des impôts ? la chose n'est pas possible, vous le savez aussi bien que moi, Excellence, vous qui connaissez le maniement des finances d'un pays ; au moyen d'un emprunt ? mais qui voudra nous prêter en Europe ? Ce n'est pas l'Allemagne, elle est aussi ruinée que nous ; ce n'est pas la Russie, elle n'a cessé d'emprunter depuis dix ans ; l'Autriche, l'Italie encore moins, elles sont nos débitrices, les Etats-Unis sont occupés à payer leur dette encore considérable ; reste l'Angleterre. L'Angleterre est riche sans doute, mais elle n'est pas prêteuse ; vous devez en savoir quelque chose : car, pour les besoins de votre guerre, vous lui avez emprunté à un taux presque usuraire et pourtant vous étiez vainqueur. Que nous demandera-t-elle donc à nous qui sommes vaincus ? Croyez-moi, Excellence, le meilleur moyen pour vous d'être payé vite et complétement, c'est de ne pas vous montrer trop exigeant et de réduire la contribution de guerre que vous voulez nous imposer dans des proportions considérables et plus en rapport avec l'état actuel de la fortune publique en France.

« Quant à une cession de territoire, nous en admettons le principe d'autant plus volontiers que si vous aviez été battus, nous vous aurions, je le reconnais, demandé une ligne de rectification de notre frontière de l'Est, mais de là à exiger l'Alsace et surtout la Lorraine il y a loin, je doute même fort que l'Europe autorise une pareille augmentation du sol allemand.

« L'Allemagne est déjà plus qu'une puissance de premier ordre, ses succès militaires en ont fait la puissance prépondérante en Europe : l'annexion de l'Alsace et de la Lorraine la rendrait quelque chose de plus encore : une puissance dangereuse au repos de ses voisins et à la paix internationale.

« Votre Excellence n'a pas été sans peser dans son esprit toutes ces considérations et peut-être s'est-elle arrêtée à la possibilité d'une coalition future qui pourrait compromettre l'œuvre si difficile qu'elle a su mener à bonne fin avec tant d'audacieuse témérité. La coalition a brisé l'empire de Napoléon; elle pourrait également faire ployer devant elle l'ambition des Hohenzollern. Il ne m'appartient pas de donner des conseils à Sa Majesté, mais il me semble qu'elle devrait éviter d'exciter par de pareilles convoitises, la susceptibilité jalouse de l'Europe. Déjà certains journaux russes et anglais s'expriment dans ce sens, il y a là un symptôme qui se révèle de dispositions nouvelles à votre égard en Europe, et je m'étonnerais fort qu'un homme politique aussi habile que Votre Excellence oubliât d'en tenir compte.

« Quant à ce qui regarde la flotte, qu'il me soit permis d'exprimer ici mon étonnement de vous voir tant insister sur la possession de ces lourds navires en fer qui nous ont rendu si peu de service dans cette campagne et qu'un progrès de l'artillerie peut d'un jour à l'autre renvoyer inutiles dans nos arsenaux, comme un précédent progrès a déjà fait des gros navires en bois. »

Et c'est en discutant ainsi pied à pied les conditions et les exigences de M. de Bismark, que l'éloquence de M. Jules Favre et l'habileté de M. Thiers arriveront à faire payer à la France 5 ou 6 milliards, à lui faire perdre l'Alsace, une partie de la Lorraine et la moitié de sa flotte. Qui sera content? M. Jules Favre; jamais il n'aura été plus éloquent, et il pourra se décerner à lui-même le titre de grand citoyen sans attendre le jugement de la postérité. Qui sera satisfait? M. Thiers; nulle part il ne se sera montré plus habile, plus fin, plus maître de ses chiffres, il couronnera ainsi d'une manière grandiose sa carrière d'homme d'Etat et de diplomate. Mais qui sera plus satisfait encore? ce bon M. de Bismark; car, de même que son compère de Moltke a obtenu dans les armes des succès inespérés, il aura, lui, remporté là une victoire diplomatique comme il ne s'y attendait guère. Pour obtenir un il aura demandé deux, et le tour sera joué.

Et puis viendra l'hosannah entonné par les journaux monarchiques et libérâtres, les congratulations publiques, les feux de joie, les arcs de triomphe dressés en l'honneur des plénipotentiaires. Débarrassés à tout jamais des soucis et des dangers de la guerre, libres de vaquer dorénavant à leurs petites affaires, poltrons, généraux napoléoniens ou orléanistes, tripoteurs de bourse, tout ce monde lèvera les mains au ciel, de joie et de reconnaissance. Quelle éloquence! dira celui-ci; quelle verte vieillesse! dira celui-là. La bourse montera, montera pour saluer le retour de la paix, et la France sera encore grande, quoique vaincue sur le champ de bataille; elle aura remporté la dernière victoire, la victoire morale; elle aura forcé par l'attitude énergique de ses représentants son ennemi même au respect et à la générosité. Certains même insinueront que franchement la Prusse aurait pu se montrer plus rigoureuse; qu'à sa place nous aurions été bien autrement exigeants pour le vaincu, et qu'après tout si Moltke est un grand guerrier, Guillaume un grand empereur, von Bismark en somme est assez bon prince. Eh bien! moi, je dis que ce sera là un désastre financier, une défaite morale à ajouter à vos désastres matériels.

Non, Français, ces hommes ne sont pas ceux qu'il vous faut, et comment a-t-il pu se faire que dans le moment terrible que vous traversez, ils aient été mis à la tête des affaires? comment expliquer que les gens timorés qui ont perdu 48 et qui n'ont pas su profiter de la tourmente révolutionnaire soufflant à cette époque sur l'Europe entière, aient été précisément ceux qu'en 70 le peuple a chargés de fonder la République en sauvant la patrie? comment s'en rendre compte autrement que par une aberration singulière du sens public, que par une confiance inexplicable dans ce qu'on appelait l'opposition à l'empire.

Les oppositions de tous les régimes me font à moi l'effet de ces docteurs qui, à force de dévouement et de science, finissent par sauver un ami sur le point de rendre l'âme, mais qui meurent eux-mêmes bientôt de la maladie contractée au lit du malade. C'est pourquoi les situations nouvelles veulent des hommes nouveaux, aux circonstances exceptionnelles, il faut des hommes exceptionnels; on ne traite pas le choléra comme une migraine de jolie femme, et certaines maladies inflammatoires demandent, pour être combattues efficacement, des remèdes héroïques.

Pour traiter avec M. de Bismark, ce qu'il vous faut, ce ne sont pas des orateurs si grands qu'ils soient, des poëtes si élevé que soit leur génie, des histrions constitutionnels si malins qu'ils aient pu se montrer dans l'escalade du pouvoir, des diplomates quelque bien remplies qu'aient été leurs carrières; ce qu'il vous faut, c'est le premier homme venu, pourvu qu'il ait du bon sens et du sens commun, qu'il marche droit devant lui sans s'arrêter aux distractions du chemin et que, surtout, il mette au-dessus des intérêts matériels, l'honneur de son pays. Ce qu'il faut opposer aux exigences, doublées de finesse, du diplomate prussien, c'est quelque bonne proposition bien nette, faite en phrases bien carrées, brutalement, sans détours comme sans arrière-pensée ; ce qui mieux que tous ces messieurs, mieux que tous ces beaux parleurs, ferait votre affaire, c'est un honnête homme doublé d'un bon citoyen, inflexible comme le droit qu'il doit représenter, de fer comme la justice qu'il est chargé de faire prévaloir.

Aussi, Français, si j'avais le triste honneur de siéger comme député à l'Assemblée nationale, me lèverais-je aussitôt que les conditions imposées par la Prusse nous auraient été lues, et prononcerais-je les mots suivants, dictés à ma conscience par un amour profond pour mon pays :

« Citoyens Représentants,

« Je ne viens pas ici m'élever contre la fatale politique qui a mené la France au degré d'abaissement où nous la voyons ; le temps des récriminations est passé, celui de la justice n'est pas encore venu. Qu'il me suffise de dire, qu'à mon sens, les suffrages donnés aux hommes du 4 septembre ne les absolvent pas plus de leurs fautes que les plébiscites napoléoniens n'ont lavé l'homme de Sedan du sang versé au 2 décembre. Depuis la proclamation de la République, nous n'avons vécu que de demi-mesures provoquées par des demi-grands hommes; nos armées n'ont eu la plupart du temps que des demi-généraux à leur tête, heureuses encore quand elles n'ont pas été commandées par des traîtres complets ; mais si, à une brillante exception près et à laquelle j'apporte ici le tribut de mon admiration, nos gouvernants se sont montrés au-dessous de la tâche qu'ils s'étaient eux-mêmes assignée, ce qui dépasse tout ce que l'histoire peut offrir à nos yeux, ce sont nos désastres et notre malheur.

« Comment réparer ces désastres ? comment sortir de cette position épouvantable, fruit de nos fautes et de notre aveuglement coupable ? Nos désastres, pour les réparer, il faudra des années, des années et encore des années ; ce sera l'œuvre de la génération qui nous suit ; notre tâche, à nous, est de préparer à nos enfants un terrain solide sur lequel il leur soit donné d'élever quelque chose de durable et d'entièrement neuf. Puissent-ils se rappeler, une bonne fois, que les replâtrages ne valent jamais rien, et qu'il est souvent plus économique de jeter à bas la maison qui s'effondre, pour en construire une autre après, que d'essayer de réparer l'ancienne.

« Avant tout, il nous faut faire la paix ; c'est le but de la convocation de cette Assemblée ; c'est pour traiter avec les Prussiens, et à mon sens, seulement pour traiter avec les Prussiens que le peuple nous a envoyés ici. Le peuple a dit à chacun de nous, et c'est la seule signification du vote récent, le peuple a dit : Va, j'ai mis en toi toute ma confiance, tu as en mains ma procuration, sauvegarde au mieux mes intérêts matériels ; mais tâche surtout de maintenir intact l'honneur du pays. Voilà, citoyens représentants, comment je comprends mon mandat, et comment, sans doute, vous le comprenez vous-mêmes. Or, on vient de nous lire les propositions de la Prusse. La Prusse nous dit clairement : Vous êtes battus, vous êtes ruinés, j'occupe le tiers de votre territoire, demain j'en occuperai les deux tiers, j'occuperai le tout s'il le faut, j'ai le pied sur votre gorge ; signez la note que je vous présente, si vous ne voulez pas en avoir à signer une plus désastreuse un peu plus tard. Eh bien, je viens vous dire : *à priori* et sans savoir ce qu'elles sont, je repousse les propositions de l'Allemagne ; je ne veux pas les connaître, parce que, pour moi, si des deux parties l'une doit faire des propositions à l'autre, c'est la France et non pas la Prusse.

« L'Allemagne est victorieuse, direz-vous, la France est vaincue ; sans doute, mais c'est justement pour cela que je prétends qu'à la France seule appartient le droit de savoir quelles conditions elle est en mesure d'offrir en échange de la paix.

« La paix, en réalité, est le plus grand des biens, et puissions-nous ne l'avoir jamais oublié ; mais comme tout bien, la paix a un prix, une valeur en rapport avec la richesse de celui qui veut l'acquérir, et non avec la puissance de celui qui la détient dans ses mains ; il n'y a véritablement là qu'une application morale du principe de l'offre et de la demande ; principe qui est appelé à gouverner dorénavant toutes les transactions humaines. Quand je veux acheter un terrain à Pierre, ce n'est pas Pierre qui vient me trouver pour me dire : Je sais que tu as envie de mon champ, je sais qu'il t'est nécessaire pour compléter tel domaine, j'en veux tant. C'est au contraire moi qui vais vers Pierre, et qui lui dis : Ton terrain me convient, je t'en offre tant. C'est de moi que vient l'offre, et c'est à Pierre à voir si le prix que je lui propose lui paraît suffisant, et en rapport avec la valeur qu'il attribue à sa propriété ; en un mot, c'est lui qui fait la demande. Or, il est bien évident qu'à l'heure qu'il est, par le fait d'une série de triomphes non interrompue, la Prusse seule est détenteur de la paix ; il est évident, de toute évidence que, grâce à l'habileté politique de nos gouvernants, grâce surtout au génie de nos généraux, c'est nous qui demandons la paix, c'est nous qui devons l'acheter ; à nous donc et à nous seuls, de voir combien nous pourrons la payer.

« Et ce que je vous dis est tellement vrai, cette idée dépouillée de tous les artifices grammaticaux, paraît tellement simple et lucide, qu'en langage ordinaire, on dit en parlant du peuple vaincu : La paix a été achetée par lui à de telles conditions.

« D'ailleurs, si ces considérations tirées de l'ordre économique vous laissaient indifférents, malgré leur simplicité et leur justesse, je ferais, pour vous convaincre, appel à un sentiment que, dans une Chambre française, on n'invoque jamais en vain : le sentiment de l'honneur national, et surtout l'idée du droit, que vous devez vous efforcer, quoique battus, de représenter ici.

« Au commencement de la campagne, le droit est incontestablement du côté des Prussiens : ils sont les insultés, nous sommes les assaillants. Je pourrais, à cette occasion, aller chercher au fond des choses, et comme on s'est, à mon sens, trop attaché à le faire, depuis nos désastres seulement, bien entendu, démontrer que, si Napoléon a donné le premier soufflet, la Prusse depuis longtemps ne perdait pas une occasion de lui marcher sur le pied ; mais cette démonstration m'entraînerait trop loin, et elle n'apprendrait d'ailleurs rien de nouveau, ni à vous, ni à l'Europe. J'accepte donc l'apparence des faits, et je concède à la Prusse l'apparence du droit au début de la guerre.

«Mais un jour, né dans le sang, le gouvernement de Napoléon tombe dans la boue, la République du 4 septembre apparaît res-plendissante au soleil de ce beau jour ; dès ce moment, l'homme qui a provoqué la guerre a disparu, le peuple français, désormais seul maître de lui-même, est par conséquent seul comptable de ses actes dont il doit seul endosser la responsabilité. Il demande noblement la paix à l'Allemagne, offrant de réparer ses torts et de payer une large indemnité de guerre, mais refusant d'accorder ce qui lui paraît incompatible avec son honneur ; il va plus loin, il oublie ses griefs et offre son amitié au peuple allemand. Par la bouche de M. de Bismark, en qui elle semble s'être inféodée, l'Allemagne repousse ces propositions. Dès ce jour, tout homme loyal dira comme moi ; dès ce jour, l'Allemagne perd même l'apparence du droit qui couvrait ses agissements ; dès ce jour, le droit est avec nous.

« Dorénavant, il est démontré à la face du monde, que la Prusse ne poursuit qu'un but : profiter d'une situation que les fautes du gouvernement impérial lui ont faite exceptionnelle, pour ruiner la France et, du même coup, frapper l'idée républicaine en Europe. Eh bien ! c'est au nom des principes, c'est au nom du droit violé et foulé aux pieds, c'est au nom de notre honneur national, dont les étrangers peuvent se moquer, mais que nous, nous n'avons pas le droit de méconnaître, que je vous demande de rejeter *à priori*, toutes les propositions émanant de la Prusse. En consentant à discuter ces propositions, vous reconnaissez implicitement que la Prusse a le droit de les faire ; qu'elle a non-seulement en main la force, mais le droit ; vous déclarez la nation coupable de s'être défendue. A la faiblesse et à la prostration de la France, vous égalez la lâcheté de ses représentants.

«Nous ne devons donc pas nous laisser imposer la paix, parce qu'une paix imposée, c'est la revanche à courte échéance ; ce sont de nouveaux massacres, de nouvelles ruines ajoutés à des ruines et à des massacres déjà trop nombreux ; c'est encore une fois le progrès de la civilisation arrêté pour de longues années. Il y va du salut de la République, je dirai même plus il y va du salut de l'Europe.

« Il est donc de toute nécessité, et notre devoir l'exige, que, nous défiant des phrases, des sentiments, des illusions, nous allions droit au fait brutal et que nous voyions ensemble quel prix notre position actuelle nous permet de consacrer à ce que j'appelle, moi, de son nom réel l'*achat de la paix*.

« D'autres, plus éclairés, plus compétents, plus familiers avec la statistique financière et commerciale de notre pays, vous diront ce que jusqu'à présent la guerre a coûté à notre malheureuse France, ils pourront établir avec plus d'autorité que je ne suis capable de le faire, quelle somme nous pouvons offrir pour l'achat de ce bienfait qu'on appelle la paix. Aux personnes qui seront appelées à discuter cet objet, je ne recommanderai qu'une chose : c'est de ne pas trop marchander et de ne pas se montrer en cette occasion trop parcimonieuses des deniers publics.

« Mais, ce contre quoi je m'élève avec toute l'énergie de mon âme et de ma raison, ce que je suis décidé à repousser de toutes mes forces, c'est le principe d'une cession quelconque de territoire.

« Sans doute, nous devons offrir à la Prusse toute garantie ; nous devons dans les propositions que nous sommes appelés à lui faire, la convaincre de notre sincérité et lui donner la preuve de notre désir ardent d'éviter désormais entre elle et nous toute occasion de conflit. N'hésitons donc pas à faire bon marché de nos forteresses, engageons-nous même s'il le faut, à ramener nos lignes défensives jusqu'à la chaîne des Vosges, mais ce que nous ne pouvons, ce que nous ne devons pas faire, parce que nous n'en avons pas le droit, c'est de livrer à nos adversaires les populations qui ne demandent qu'à rester à la mère patrie. Les hommes ne sont pas des marchandises avec lesquelles on puisse trafiquer, que ce soit à la façon des maîtres négriers ou à celle des souverains. Ah ! si les Alsaciens et les Lorrains consultés se prononçaient pour l'annexion à l'Allemagne, s'ils croyaient trouver sous le sceptre du roi Guillaume plus de bien-être, un développement plus rapide de leurs richesses, un

respect plus grand de leurs libertés ; s'ils venaient nous dire :
Notre origine n'est pas la vôtre, nos intérêts sont opposés à
ceux des autres contrées de la France, nous prétendons nous
rallier à la grande famille allemande dont nous avons été sé-
parés autrefois ; le premier alors je dirais à M. de Bismark :
prenez l'Alsace et la Lorraine ; loyalement exprimés, leurs vœux
sont avec vous. Mais jusqu'à présent du moins, il semble qu'au
contraire, il semble que plus la France est malheureuse, plus
l'affection de ces provinces pour elle va grandissant, plus haut
leur patriotisme éclate, plus la haine de l'Allemand augmente
dans le cœur de leurs enfants.

« Et ce sont ces gens dont nous trafiquerions, comme l'on
fait à la foire d'un vil troupeau ; ce sont ces provinces si
malheureuses, si ravagées que nous abandonnerions ; leurs
fils qui en foule combattent sous nos drapeaux, nous les
chasserions en leur disant : Allez, vous êtes Prussiens. Non,
mille fois non, car si tous ici nous sommes convaincus de
la nécessité de la paix ; si chacun de nous s'apprête à faire
les sacrifices les plus grands pour l'obtenir, personne du moins
n'osera se lever pour proposer de l'acheter par un pareil marché.

« Il est temps, d'ailleurs, d'inaugurer en Europe un nouvel
ordre de choses, fondé réellement sur les principes du droit et
non sur les mensonges diplomatiques ; il est temps que la France
républicaine rompe formellement et sans retour avec les idées
d'envahissement, de rectifications de frontières et autres bali-
vernes, dont les souverains ont l'habitude de se servir pour
jeter les hommes les uns contre les autres ; il est temps qu'elle
proclame hautement et à la face de tous, sa résolution inébranlable de chercher dans les travaux de la paix, dans le développement et la prospérité de son commerce, dans la solution des
questions sociales qui l'agitent et qui, bientôt, agiteront l'Europe
entière, une revanche qu'elle prétend se refuser par les armes.
Il serait digne d'elle et de son glorieux passé que, quoique
battue et le bras trop faible pour tenir l'épée, elle continuât à
porter haut et fier l'étendard du droit, donnant ainsi à l'Europe
un exemple inconnu de grandeur morale et d'abattement phy-
sique.

« Mais, direz-vous, votre argumentation conduit directement

à la guerre; l'Allemagne n'acceptera pas de pareilles conditions que, dans son orgueil, elle trouvera dérisoires. Eh bien, moi je répondrai : Si l'Allemagne n'accepte pas, tant pis pour l'Allemagne, si Guillaume n'accepte pas, tant pis pour Guillaume, surtout tant pis pour sa race. Dans notre siècle, on ne viole pas impunément les lois morales, on ne foule pas aux pieds sans danger les droits des peuples ; le sang finit toujours par éclabousser celui qui l'a répandu, et la vengeance n'est jamais si prête que quand il semble qu'elle ait oublié.

« De deux choses l'une, citoyens représentants : ou nous sommes en état de continuer la guerre, ou nous ne le sommes pas. Si la guerre continue, comme autrefois les Espagnols et les Mexicains l'ont fait avec nous, nous pourrons finir par lasser et traquer les Allemands de telle façon qu'ils soient obligés de rentrer chez eux. Ce serait, vous l'avouerez, pour Guillaume un bien piètre résultat, après tant de succès et de victoires ; je doute fort que le peuple allemand s'en contente et il pourrait même lui arriver de traduire sa mauvaise humeur en envoyant Guillaume son nouvel empereur rejoindre le héros de Willemsohe. Ou bien, ce qui est plus probable, nous serons de nouveau battus et hors d'état de continuer la lutte plus longtemps; pouvant encore moins acheter la paix qu'aujourd'hui puisque notre ruine sera plus complète par suite de la prolongation de la guerre.

« Devant cette situation identique à celle d'aujourd'hui et à laquelle, à moins d'un retour inespéré de la fortune, nous serons forcément ramenés par une lutte à outrance, que devons nous faire? Ce que nous devons faire, le voici :

« Puisque la Prusse s'est faite en Europe le champion de la force et uniquement de la force, puisqu'elle prétend continuer à fouler aux pieds tous les principes du droit ; puisque, comme l'a dit son plus grand capitaine, elle veut aller partout, partout, partout; laissons-la aller partout, partout, partout. Que partout elle continue à piller, que partout elle continue à voler, qu'un peu partout ses soldats incendient et fusillent. Nulle part ils ne doivent trouver d'autre résistance qu'une résistance morale. Qu'en chaque endroit, eux, les apôtres de la force, ils soient obligés d'employer la force, sans pouvoir même espérer qu'on s'en servira contre eux. Voilà donc le roi Guillaume, empereur d'Allemagne, obligé de se transformer lui e sa troupe en détrousseurs de grands chemins, le justicier de Dieu revêtant sans vergogne suivant les circonstances la forme d'un voleur, d'un pillard ou d'un assassin.

« Que, nouveaux barbares, les Prussiens s'installent donc partout en France, qu'ils exploitent nos chemins de fer pour leur compte, qu'ils nomment des fonctionnaires, gouvernent, administrent, taillent, rognent, mais qu'ils cherchent en vain du Nord au Midi un gouvernement quelconque consentant à faire la paix avec eux, et à en accepter le déshonneur. De partout que la conscience populaire leur crie : Tu peux voler, piller, assassiner, tu peux empaqueter et envoyer précieusement en Allemagne, nos pendules, nos meubles, nos bronzes, nos bijoux, tu en as le droit, tu es le plus fort, mais tu ne trouveras parmi nous personne qui t'absolve en signant la paix avec toi. Quand tu auras assez pillé, assez volé, tu te lasseras peut-être, et peut-être qu'alors, gorgé de butin et de gloire militaire, tu sentiras le besoin de rentrer chez toi. Mais en attendant tu t'es pour jamais mis au ban de la civilisation et ton nom, comme celui des Vandales, passera aux races futures, synonyme de barbare. . .

.   .   .   .

« Et pourtant ton roi seul est coupable, victime aussi bien que moi, tu n'es après tout qu'un aveugle instrument dans sa main criminelle, pourquoi ne ferions-nous pas quelque libre échange moral ? Puisse donc notre exemple te servir ; puisse même notre vin généreux, en s'infusant dans tes veines, te donner un peu de cette confiance chevaleresque dont nous avons toujours eu de trop et qui te fait complétement défaut. Puissent en retour, nos administrateurs étudier chez les tiens l'administration, nos soldats apprendre d'eux la discipline, nos généraux l'art de la guerre ou plutôt puissions-nous ensemble acquérir l'amour des hommes et la haine des empereurs.

« Et cependant, citoyens représentants, que se passe-t-il en Allemagne ?

« La mère attend son fils ; depuis un an, Gretchen aspire à revoir son fiancé ; l'industrie est morte, l'agriculture ruinée, le commerce anéanti, le peuple murmure et commence à comprendre ce qu'un empereur coûte de sang et d'écus. Nos prisonniers font une propagande active, nos idées s'infiltrent dans la masse du peuple et cela pendant que chez nous le soldat allemand aspire à pleins poumons l'air de la liberté. Il arrive un moment où ce dernier lui-même se prend à se lasser de faire en France l'office de garnisaire et de bourreau, où son intelligence va lui dire qu'il y a pour les hommes quelque chose de mieux à faire que de s'entretuer au service d'un souverain. Encore quelques semaines et sa discipline si sévère commencera à se relâcher, quelques semaines encore et les généraux vaincus déclareront à l'empereur qu'il est temps de ramener l'armée en Allemagne, si l'on ne veut pas la voir gangrenée par les idées républicaines et subversives. Ce jour-là, la nouvelle couronne de Guillaume branlera sur sa tête; ce jour-là, son sort sera entre les mains de la République, tant est grande la puissance de l'idée, tant le martyre donne d'adeptes à une pensée, qu'elle soit religieuse ou politique.

« Voilà, citoyens représentants, ce que j'irais dire à M. de Bismark, si renonçant à toute idée de paix honteuse, si, rejetant loin de vous toute concession incompatible avec l'honneur de la république, votre confiance daignait m'accorder la mission de plénipotentiaire. Soyez convaincus d'ailleurs, que cette mission serait vite terminée et que, quels que soient les résultats de mes démarches, je sortirais du cabinet du comte, le cœur ferme et la tête haute comme j'y serais entré. »

LE PAYSAN DU DANUBE.

Paris. — Typ. Rouge frères et Comp., rue du Four-St-Germ., 43.